W0088162

FÜR CHARLOTTE, BURK, LENA, CARMEN UND NATALIE

INHALT

ALLES BEGANN MIT DER LOCKEREN
IDEE, DAS ERSTE STREETFOOD-FESTIVAL
BRAUNSCHWEIGS ZU VERANSTALTEN.
IHR ERINNERT EUCH SICHERLICH:
LOKPARK, DIE FETTESTEN TRUCKS
DEUTSCHLANDS, SINGER-SONGWRITER,
VOLLE HÜTTE UND 5.000,00 EURO SPENDE
DANK EURES EINTRITTES.

Dass wir knapp vier Jahre danach unser erstes Kochbuch
rausbringen würden, hätten wir damals nicht gedacht.
Klar, wir haben in den letzten Jahren nicht geschlafen.
All unser Geld wurde in die Ape und die erste Fritteuse
gesteckt, dann immer weiter, bis wir 2018 unseren
„Truck" kauften. Eigentlich eher 'ne abgewrackte
Pommesbude, aber naja. Der Winter 2018/2019 war
hart. Insgesamt 1.200 Arbeitsstunden kostete uns das
Projekt „Black-Mamba", welches wir ohne die WoodHeadz
niemals hätten umsetzen können. Parallel haben wir
Euch über die Jahre mit unserem ganz eigenen Food-
Style immer wieder verzaubern können.
Aber alles kam erst richtig ins Rollen, als Wolters uns
im März 2019 zur Beertatoes-Challenge aufforderte.
Und aus diesem netten Kennenlernen ist dann unser
gemeinsames Projekt Wolters X StreetFoodBros
entstanden. Zwölf ganz eigene Rezepte, die sich rund
um die Produktwelt von Wolters drehen und ihre
Wurzeln im Streetfood haben. Verwoben mit kurzen
Bildergeschichten von und mit Leuten aus Braunschweig,
die vielleicht nicht jeder kennt, die aber für das stehen,
was unsere Stadt und dieses Kochbuch ausmacht:
Vielfalt.
Prost und haut rein!

Ben, Fabian und Bastian

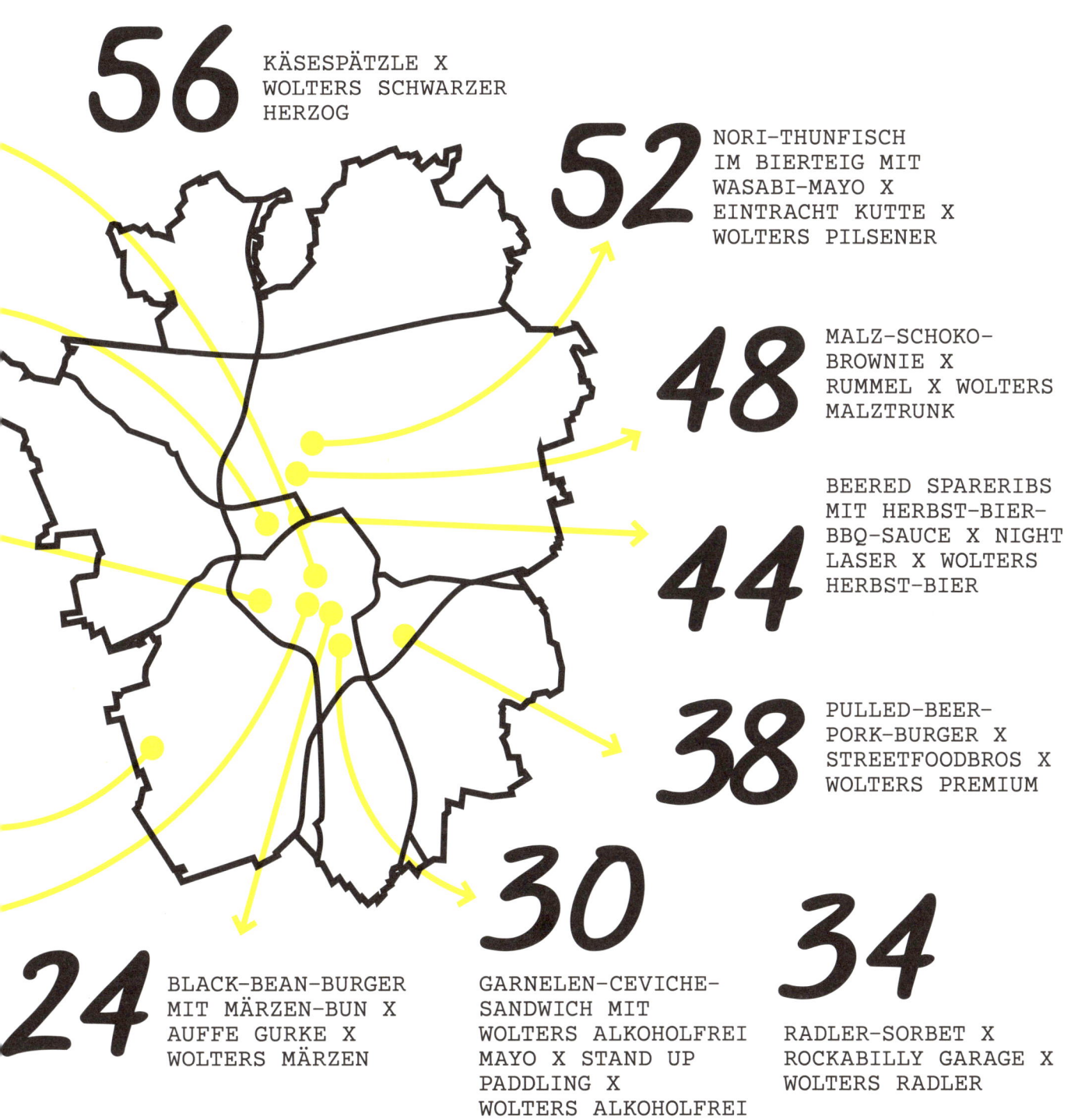

56 KÄSESPÄTZLE X WOLTERS SCHWARZER HERZOG

52 NORI-THUNFISCH IM BIERTEIG MIT WASABI-MAYO X EINTRACHT KUTTE X WOLTERS PILSENER

48 MALZ-SCHOKO-BROWNIE X RUMMEL X WOLTERS MALZTRUNK

44 BEERED SPARERIBS MIT HERBST-BIER-BBQ-SAUCE X NIGHT LASER X WOLTERS HERBST-BIER

38 PULLED-BEER-PORK-BURGER X STREETFOODBROS X WOLTERS PREMIUM

24 BLACK-BEAN-BURGER MIT MÄRZEN-BUN X AUFFE GURKE X WOLTERS MÄRZEN

30 GARNELEN-CEVICHE-SANDWICH MIT WOLTERS ALKOHOLFREI MAYO X STAND UP PADDLING X WOLTERS ALKOHOLFREI

34 RADLER-SORBET X ROCKABILLY GARAGE X WOLTERS RADLER

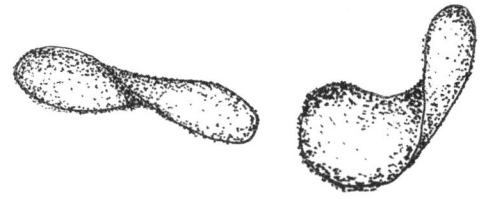

BEERTATOES

MIT BEER-YO-NAISE

Für 4 Personen

ZUTATEN BEERTATOES:

½ kg	Kartoffeln, festkochend
⅛ l	Schwarzer Herzog
200 g	Weizenmehl Typ 500
½ TL	Salz
1 TL	schwarzer Pfeffer, grob
1 TL	Madras-Curry
300 ml	Sonnenblumenöl zum Frittieren

ZUTATEN BEER-YO-NAISE:

3	Eigelb
200 ml	Distelöl
2 EL	mittelscharfer Senf
½ TL	Salz
1 TL	Zucker
½ TL	weißer Pfeffer
1 TL	schwarzer Pfeffer, grob
1 EL	Zitronensaft
50 ml	Schwarzer Herzog
1 EL	Madras-Curry

ZUBEREITUNG BEERTATOES:

Kartoffeln schälen, in hauchdünne Scheiben hobeln und trocken tupfen. Alle Zutaten bis auf die Kartoffeln miteinander vermengen und zu einem glatten bis flüssigen Teig verrühren. Ja, der Teig ist ohne Ei!

Das Sonnenblumenöl in einem Topf auf 170 Grad erhitzen. Nun die Kartoffelscheiben in den Teig tauchen und nacheinander im heißen Fett ausbacken.

ZUBEREITUNG BEER-YO-NAISE:

Das zimmerwarme Eigelb in ein hohes Rührgefäß geben und schaumig schlagen, bis das Eigelb hell wird. Die Masse etwas ruhen lassen und dann das Öl langsam zugießen und mit einem Handrührgerät unterrühren. So lange weiter rühren, bis die Masse cremig bis fest wird.

Nun nach und nach die restlichen Zutaten behutsam hinzugeben. Durch das Bier kann die Mayo flüssig werden, was jedoch für die Beertatoes sinnvoll ist.

ANRICHTEN:

Die Beertatoes in die Beer-Yo-Naise und ab in die Schnute damit.

CORNERN

📍 52.259468, 10.522337

WALLSTRASSE

PIZZA MARGHERITA MIT WEIZEN-BIERTEIG

Für 2 große Pizzen

ZUTATEN WEIZENBIERTEIG:

350 g	Weizenmehl Typ 00
50 g	Hartweizengries
100 ml	lauwarmes Wasser
50 ml	natives Olivenöl
150 ml	Wolters Weizen
15 g	frische Hefe
1 EL	Salz

ZUTATEN SAUCE:

300 g	Dosentomaten
5 g	Oregano
5 g	Thymian
1 EL	Salz
1 EL	Pfeffer
50 ml	natives Olivenöl

ZUTATEN BELAG:

1	Büffelmozzarella
1 Hand	Basilikum

ZUBEREITUNG WEIZENBIERTEIG:

Die Hefe in lauwarmem Wasser auflösen und 10 Minuten gehen lassen. Währenddessen Mehl und Hartweizengries sowie das Salz in eine Schüssel geben und miteinander vermengen. Das Mehlgemisch mit der Hefelösung und dem Weizenbier zusammenfügen. Ohne alles zu vermengen für weitere 10 Minuten quellen lassen, um später einen geschmeidigen Teig zu bekommen. Nun das Olivenöl hinzufügen und alle Zutaten für 10 Minuten von Hand zu einem geschmeidigen Teig kneten. Den Teig in einen großen Gefrierbeutel geben, luftdicht verschließen und für mind. 6 Stunden im Kühlschrank gehen lassen. Die langsame Gärung gibt dem Teig einen leicht säuerlichen Geschmack und eine wunderbar samtige Geschmeidigkeit.

Den Teig 2 Stunden vor der Zubereitung der Pizza aus dem Kühlschrank holen, 2 faustgroße Kugeln daraus formen, bemehlen, mit einem feuchten Tuch bedecken und für 2 Stunden ruhen lassen.

ZUBEREITUNG PIZZA:

Die Kugeln müssen nun aufgegangen sein und sich gut verarbeiten lassen. Den Teig am besten mit der Hand dünn ausrollen, bis er die gewünschte Stärke und Größe erreicht hat. Dabei darauf achten, dass die Luftblasen aus dem Teig nicht zu sehr entweichen. Die Zutaten für die Tomatensauce kalt miteinander vermengen und jeweils auf die Pizzen verteilen. Anschließend mit dem Büffelmozzarella belegen. Die Pizza in den vorgeheizten Steinofen schieben. Hat man keinen Steinofen, hilft ein Pizzastein oder sogar ein Keramik-Untertopf, den man auf den Grillrost stellt. Wenn der Rand der Pizza knusprig/dunkel wird, ist die Pizza fertig.

ANRICHTEN:

Nur noch Basilikum zerzupfen und darüber geben – fertig.

WOODHEADZ

52.260158, 10.520205

EICHTALSTRASSE

BEER-
CAN-
CHICKEN

Für 4 Personen

ZUTATEN:

1,5 kg	Huhn
2 Dosen	Wolters Pilsener 0,5 l – weil eins für den Koch ;-)
1 EL	Salz
3 EL	Paprikapulver, rosenscharf
1 EL	Paprikapulver, edelsüß
1 TL	getrockneter Basilikum
1 TL	getrockneter Thymian
1 TL	getrockneter Oregano
1 TL	Zimt
1 TL	Kreuzkümmel
6 EL	Wolters Pilsener
8 EL	Distelöl
4	frische Knoblauchzehen

ZUBEREITUNG:

Alle Gewürze, den Knoblauch, das Wolters (nicht die 2 Dosen, Freunde, sondern die 6 Esslöffel!!!) und das Öl zu einer Marinade vermischen und das Huhn damit einbalsamieren. 2 Stunden im Kühlschrank marinieren lassen. Das Huhn auf die geöffnete, volle Bierdose stecken und auf den vorgeheizten Grill bei indirekter Hitze stellen. Der Grill sollte ca. 180–200 Grad haben. Den Deckel des Grills schließen und das zweite Wolters in der Wartezeit von ca. 60–80 Minuten selbstbewusst trinken. Wem das zu lange dauert, der nimmt sich einfach noch ein Wolters, denn die Wartezeit ist wichtig. Das Huhn vom Grill nehmen, von der Dose ziehen und für 5 Minuten ruhen lassen.

ANRICHTEN:

Wie man will, das Huhn portionieren und mit Rotkohl-Salat oder anderen Beilagen servieren. Lecker. Ein Wolters wär noch gut.

GRAFFITI

📍 52.260158, 10.520205

WESTBAHNHOF

PRINZENSUD MISO-SUPPE

MIT FRITTIERTEM TOFU

Für 4 Personen

ZUTATEN PRINZENSUD MISO-SUPPE:

250 g	Japanische Buchweizennudeln
200 ml	Prinzensud
200 ml	Dashi-Brühe
1 EL	Miso-Paste
4 EL	Sojasauce
2 EL	Miri (süßer Reiswein)
2 EL	geröstetes Sesamöl
2	Frühlingszwiebeln
1	Peperoni
4 TL	Wasabi
1	Nori-Blatt
4 TL	Schwarzkümmel

ZUTATEN FRITTIERTEN TOFU:

350 g	Tofu
100 ml	Prinzensud
40 ml	Sojasauce
100 g	Hafergrütze
200 g	Mehl
2	Eier (oder vegane Ersatzprodukte)
1 EL	Kurkuma
	Distelöl zum Ausbacken

ZUBEREITUNG PRINZENSUD MISO-SUPPE:

Den Prinzensud und die Dashi-Brühe kurz aufkochen. Die Miso-Paste und den Miri hinzugeben und alles verrühren. Zur Seite stellen. Die Buchweizennudeln nach vorgegebener Kochzeit garen und sofort abschrecken. Mit dem Sesamöl begießen, damit die Nudeln nicht verkleben.

ZUBEREITUNG FRITTIERTER TOFU:

Den Tofu in Würfel schneiden, mit dem Prinzensud, der Sojasauce und dem Kurkuma marinieren und mehrere Stunden ziehen lassen. Anschließend den gezogenen Tofu mehlieren, durch das Ei ziehen und mit der Hafergrütze panieren (statt Ei auch gerne ein veganes Ersatzprodukt). Den Wok mit dem Distelöl erhitzen und den Tofu darin seidig glänzend frittieren.

ANRICHTEN:

In eine Suppenschale eine Portion Buchweizennudeln geben, mit einer Kelle der heißen Brühe übergießen und einige Tofu-Stücke dazusetzen. Feine Streifen vom Nori-Blatt, kleingeschnittene Peperoni und Frühlingszwiebeln, einen Teelöffel Wasabi und etwas Schwarzkümmel dazu geben. Löffel los!

KARNEVALIST

📍 52.235869, 10.444371

TIMMERLAHSTRASSE

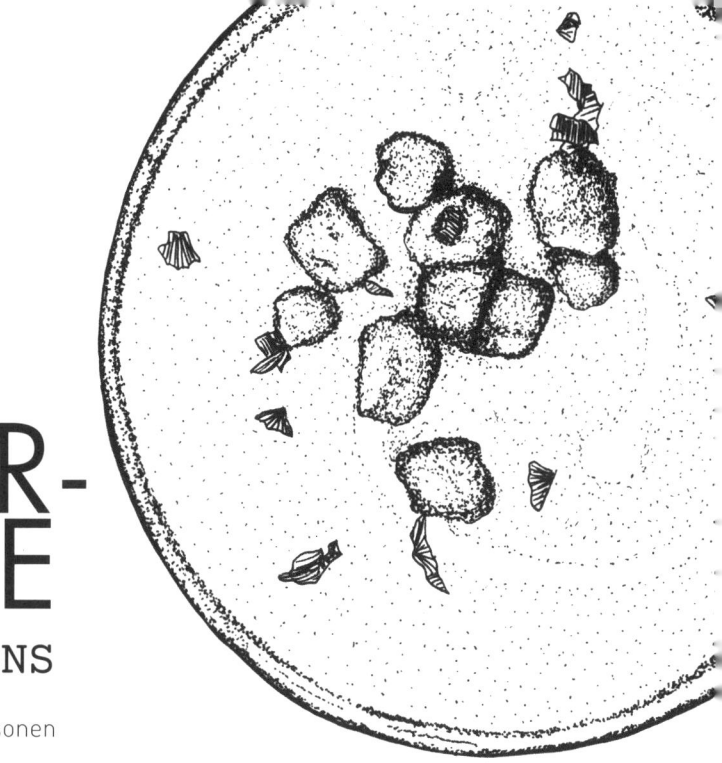

ALKOHOLFREIE
WEIZENBIER-
SUPPE

MIT BAUERNBROT-CROUTONS

Für 4 Personen

ZUTATEN:

4 Scheiben	Sauerteigbrot
40 g	Butter
1 l	Wolters Weizen alkoholfrei
10 g	Ingwer, gerieben
½ TL	Kümmel, gemahlen
3	Eigelb
2 EL	Speisestärke
50 g	Preiselbeer-Marmelade
1 Bund	Schnittlauchröllchen
	Salz, Pfeffer

ZUBEREITUNG:

Das Sauerteigbrot in kleine Würfel schneiden und in einer gebutterten Pfanne goldig braun braten. Die Croutons entnehmen und auf einem Papier abtropfen lassen. Parallel das Bier in einem Topf mit dem Kümmel und dem Ingwer aufkochen und abkühlen lassen. Eigelb und Stärke mit etwas lauwarmem Bier verrühren. Diese Mischung zum Legieren in das lauwarme Bier geben und einrühren. Achtung: Wenn das Bier noch zu heiß ist, flockt das Eigelb aus. Wir wollen die Suppe aber nur binden. Anschließend die Preiselbeer-Marmelade in der Suppe zergehen lassen. Mit Salz und Pfeffer abschmecken.

ANRICHTEN:

In einen tiefen Teller jeweils eine Kelle Weizenbiersuppe geben und mit den Croutons und Schnittlauchröllchen garnieren. Schlürf, schlürf ...

SORRY MOM

52.260195, 10.515344

GÜLDENSTRASSE

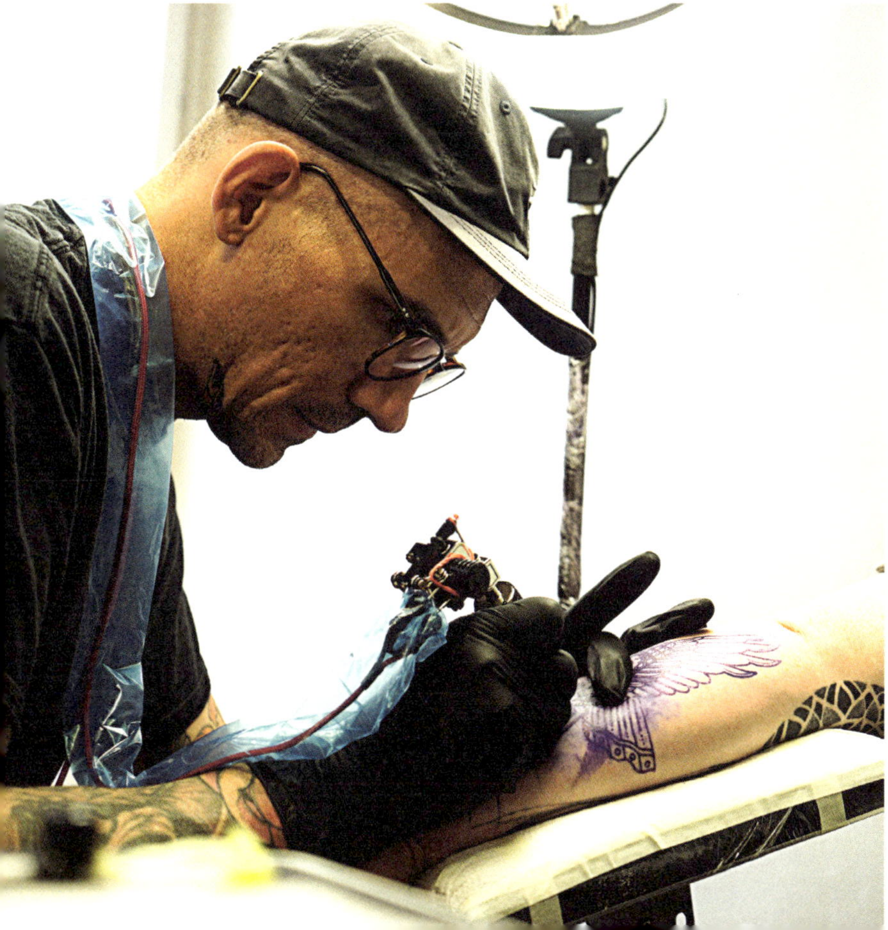

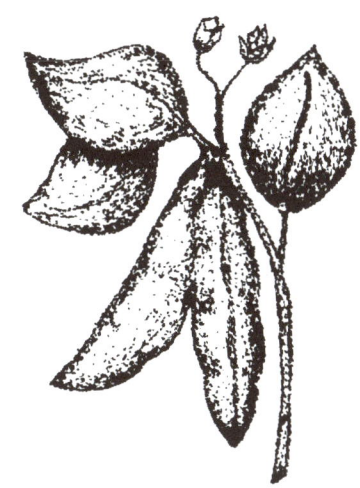

BLACK-BEAN-BURGER

MIT MÄRZEN-BUN

Für 4 Personen

ZUTATEN PATTIES:

3 EL	Leinsamen
3 EL	Wolters Märzen
250 g	schwarze Bohnen, gekocht
70 g	Haferflocken
1 TL	Braunschweiger Segelschiff-Mumme
1 TL	Miso-Paste
1 TL	Thymian
1 TL	Kreuzkümmel
150 g	Pilze
5 EL	natives Olivenöl
½	rote Zwiebel
½ TL	Salz
40 g	Walnüsse

ZUTATEN APFEL-RELISH:

2	Äpfel bspw. Pink Lady
200 ml	Wolters Märzen
1	Zwiebel
1 Stück	Ingwer (daumengroß)
½ TL	Curry
¼ TL	Zimt
100 g	Rohrzucker
100 ml	Weißweinessig
2 EL	Distelöl

ZUBEREITUNG PATTIES:

Die Leinsamen mit dem Märzen für 10 Minuten quellen lassen. Währenddessen die Pilze fein hacken, mit etwas Olivenöl in einer Pfanne bei mittlerer Hitze für 6 Minuten goldig braten und mit Salz abschmecken. Die Zwiebel zerreiben und den Saft durch ein Passiertuch ausdrücken. Alle Komponenten mit den Bohnen, den Haferflocken, den Walnüssen, der Miso-Paste, der Mumme und den Gewürzen in einem Mixer kurz pürieren.

Aus der Masse anschließend vier Patties formen und zur Seite stellen.

ZUBEREITUNG APFEL-RELISH:

Äpfel und Zwiebeln in dünne Scheiben schneiden. Die Zwiebeln mit dem Öl in einer heißen Pfanne karamellisieren lassen und mit dem Essig ablöschen. Den Ingwer reiben und mit den restlichen Zutaten in die Pfanne geben. Alles schön schwitzen lassen, zum Schluss mit dem Märzen ablöschen und einkochen. Zur Seite stellen.

WEITER GEHT'S »

Die legendäre Falafel-Di...

ZUTATEN MÄRZEN-BUN:

15 g	Hefe
200 ml	Wolters Märzen
2 TL	Zucker
4 TL	Salz
270 ml	Pflanzenmilch
2 EL	Sojamehl
500 g	Vollkornmehl
400 g	Dinkelmehl
100 g	pflanzliches Fett
2 EL	Haferflocken

ZUTATEN ANRICHTEN:

1	Gewürzgurke
120 g	karamellisierte Zwiebeln

» ZUBEREITUNG MÄRZEN-BUNS:

Hefe und einen Schuss Wasser mit dem Zucker mischen und angehen lassen. Vollkornmehl, Dinkelmehl, Pflanzenmilch, Sojamehl, Pflanzenfett und das Märzen miteinander vermischen und den Hefeansatz dazugeben. Alles für ca. 20 Minuten verkneten. Anschließend den Teig für mindestens eine Stunde abgedeckt an einem warmen Ort ruhen lassen. Nun alles erneut kneten und 10 gleichgroße Kugeln formen. Die Kugeln flachdrücken und für ca. 30 Minuten gehen lassen. Jetzt mit etwas Pflanzenmilch bestreichen und die Haferflocken drübersträuseln. Die Teiglinge im 175 Grad vorgeheizten Ofen für ca. 20 Minuten backen. 4 Buns zur Seite legen, den Rest einfrieren.

ANRICHTEN:

Das Märzen-Bun aufschneiden, das Relish und das Pattie aufsetzen, die Gewürzgurke in Scheiben schneiden und auflegen und die karamellisierten Zwiebeln dazugeben. Deckel drauf, fertig.

Zur Bratröhre

AUFFE GURKE

📍 52.260158, 10.520205

BRUCHSTRASSE

GARNELEN-CEVICHE-SANDWICH

MIT WOLTERS ALKOHOLFREI MAYO

Für 4 Personen

ZUTATEN:

4	Hot-Dog-Brioche
200 g	Garnelen ohne Schale
100 g	Gurke
120 g	gelbe Paprika
120 g	Mango
20 g	Frühlingszwiebel
50 g	rote Zwiebel
30 g	rote Peperoni
40 ml	Limettensaft
1 EL	Koriander
2 EL	Basilikum
125 g	Mayonnaise
50 ml	Wolters Alkoholfrei
	Salz, Pfeffer

ZUBEREITUNG CEVICHE:

Die Garnelen putzen und waschen, mit dem Limettensaft überträufeln und 30 Minuten marinieren lassen.

Das Gemüse, die Mango und die Kräuter in feine Würfel und Streifen schneiden und mit den marinierten Garnelen vermengen. Die Mayonnaise und das Wolters Alkoholfrei zu einer glatten Sauce verrühren und zu dem Ceviche hinzugeben. Alles miteinander vermengen und mit Salz und Pfeffer abschmecken.

ANRICHTEN:

Sau einfach: Brioche-Brötchen anrösten, aufschneiden und mit dem Ceviche füllen, reinbeißen – Wahnsinn.

STAND UP
PADDLING

📍 52.252570, 10.521086

OKERCABANA

RADLER-SORBET

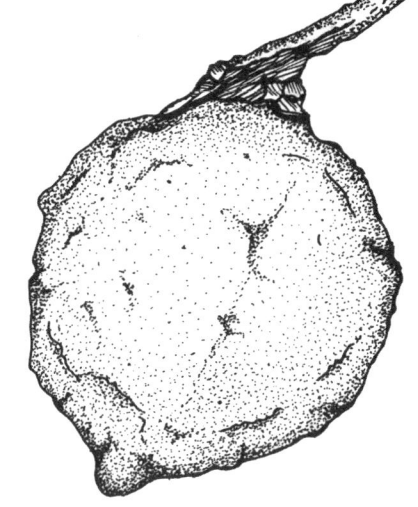

PILSENER ART

Für 4 Personen

ZUTATEN:

300 ml	Wolters Radler
100 g	Zucker
2	Eiweiß
40 ml	Saft einer Bio-Zitrone
1 TL	Zitronenabrieb einer Bio-Zitrone
8	Zitronenmelissen-Blätter

ZUBEREITUNG:

Wie für ein Baiser den Zucker und das Eiweiß zu einem sehr festen und kompakten Schnee steif schlagen.

Den Saft der Zitrone sowie den Zitronenabrieb und die fein-gehackten Zitronenmelissen-Blätter unter die Masse heben. Nun das Wolters Radler behutsam zugießen und unterheben.

Die gesamte Masse für ca. 60 Minuten in eine Eismaschine geben. Alternativ die Masse jeweils für eine Stunde in den Gefrierschrank, durchrühren und wieder ins Eis stellen. Die Prozedur so lange wiederholen, bis die gewünschte Cremigkeit und Konsistenz erreicht ist.

ANRICHTEN:

Mit dem Eisportionierer leckere Kugeln formen, mit Zitronen-abrieb und Zitronenmelisse garnieren – naschen.

ROCKABILLY GARAGE

📍 SECRET PLACE

PULLED-BEER-PORK-BURGER

Für 4 Personen · Bitte beachtet, dass die Schulter für ca. 10 Personen reicht

ZUTATEN
PULLED-BEER-PORK:

2,5 kg	Schweineschulter
1 l	Wolters Premium
5	rote Zwiebeln
1 Scheibe	Sellerie, daumendick
5	Karotten
10 cm	Porree
50 g	Thymian
50 g	Majoran
40 g	Paprika, edelsüß
5	Peperoni, rot/gelb/grün
1 Knolle	frischer Knoblauch
100 ml	Distelöl
	Salz, Pfeffer

VORBEREITUNG PULLED-BEER-PORK:

Am Vorabend das Gemüse klein schneiden. Die Schweineschulter in einen großen Topf geben und mit den Gewürzen, Kräutern und dem Öl sowie dem Knoblauch kräftig einreiben und massieren. Anschließend das Gemüse hinzugeben und mit dem Bier übergießen. Das Ganze für eine Nacht kühl stellen und sachte marinieren lassen.

ZUBEREITUNG PULLED-BEER-PORK:

Eine Feuerstelle errichten, den Dutch Oven aufstellen und heiß werden lassen. Öl eingießen und kurz erhitzen lassen. Die Schweineschulter einsetzen und kurz von beiden Seiten anbraten. Nun mit dem gesamten Sud ablöschen und alle Zutaten in den Dutch Oven geben. Für mindestens 6 Stunden ganz sachte heiß ziehen lassen. Das Ganze darf nicht kochen, sonst wird's zäh! Von Zeit zu Zeit kontrollieren, ob noch genug Flüssigkeit im Topf ist. Bei Bedarf mit Bier nachgießen, sodass die Schulter geradeso im Bier steht. Wer will, kann auch etwas Gemüse unter die Schulter legen, damit kein direkter Kontakt zum Topfboden besteht.

Nach ca. 2 Stunden die Schulter wenden. Am Ende der Kochzeit die Schulter aus dem Topf nehmen, für ca. 30 Minuten in Alufolie einpacken und zur Seite stellen. Danach die Schulter mit einer Gabel in Fasern zupfen. Den Sud aus dem Dutch Oven vom Fett trennen, bei Bedarf einkochen und über das zerzupfte Fleisch gießen.

WEITER GEHT'S »

ZUTATEN KRAUTSALAT:

200 g Weißkohl
15 g Zitronenabrieb
30 g Peperoni rot/gelb/grün
2 EL Blattpetersilie
4 cl Zitronensaft
2 cl Apfelessig
2 TL weißer Rohrzucker
80 g gelbe Zwiebeln
2 EL Distelöl
Salz, Pfeffer

WEITERE ZUTATEN:

4 Brioche-Buns
4 EL Beer-Yo-Naise
(siehe Rezept Seite 5)

» ZUBEREITUNG KRAUTSALAT:

Die Zwiebeln in dünne Ringe schneiden, in einer Bratpfanne mit etwas Rohrzucker karamellisieren und zweimal mit Wasser ablösen, sodass die Zwiebeln goldig und weich sind. Den Weißkohl fein hobeln, Zitronenabrieb, Zitronensaft, Apfelessig, Salz, Rohrzucker und die karamellisierten Zwiebeln hinzugeben, alles kräftig miteinander vermischen und in der Hand quetschen. Die Peperoni in feine Streifen schneiden und hinzugeben, mit Pfeffer abschmecken.

ANRICHTEN:

Brioche-Bun aufschneiden, Beer-Yo-Naise auf das untere Bun geben, Krautsalat und das Pulled-Beer-Pork aufsetzen. Schlemm-schlemm ...

STREETFOODBROS

📍 HEUTE HIER, MORGEN DORT

OPEN

EAT&LOVE

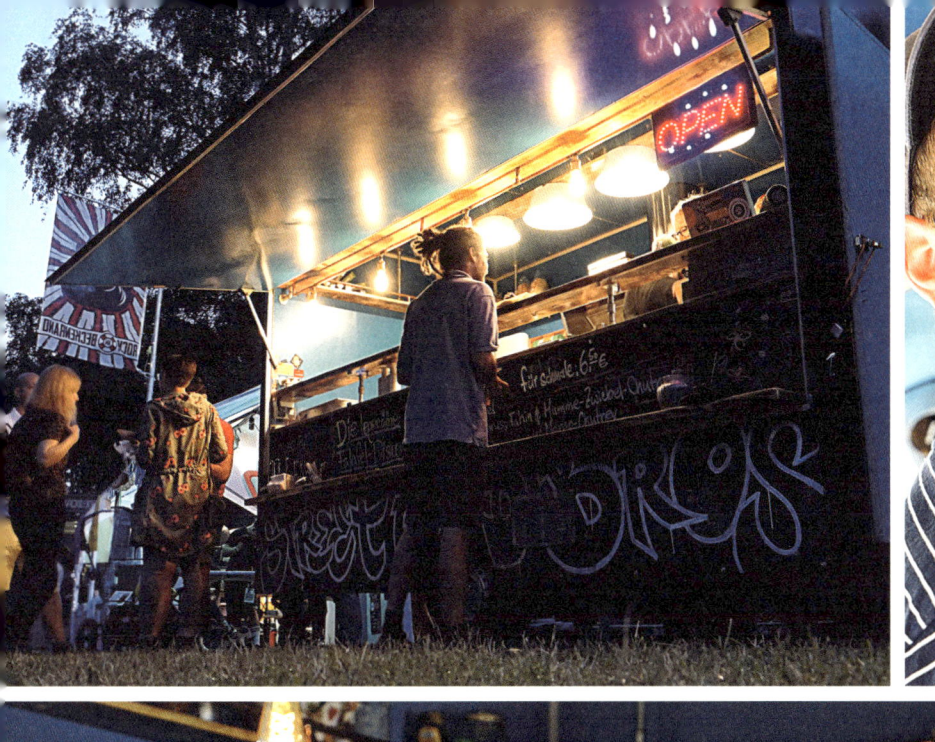

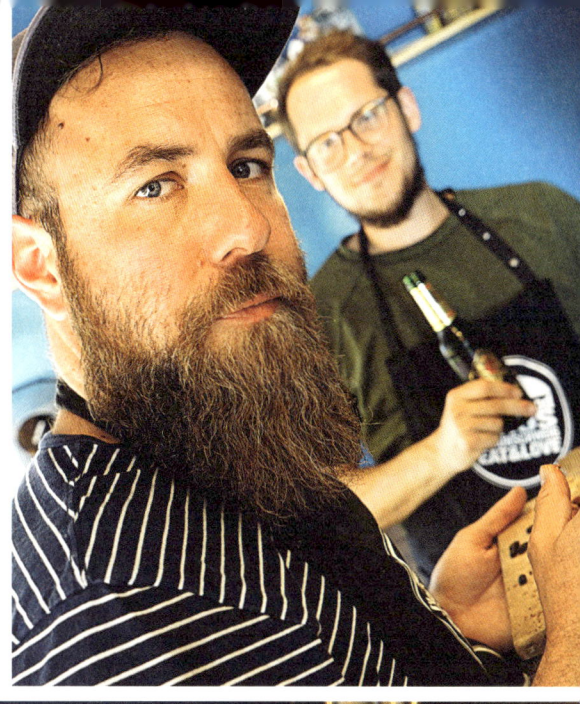

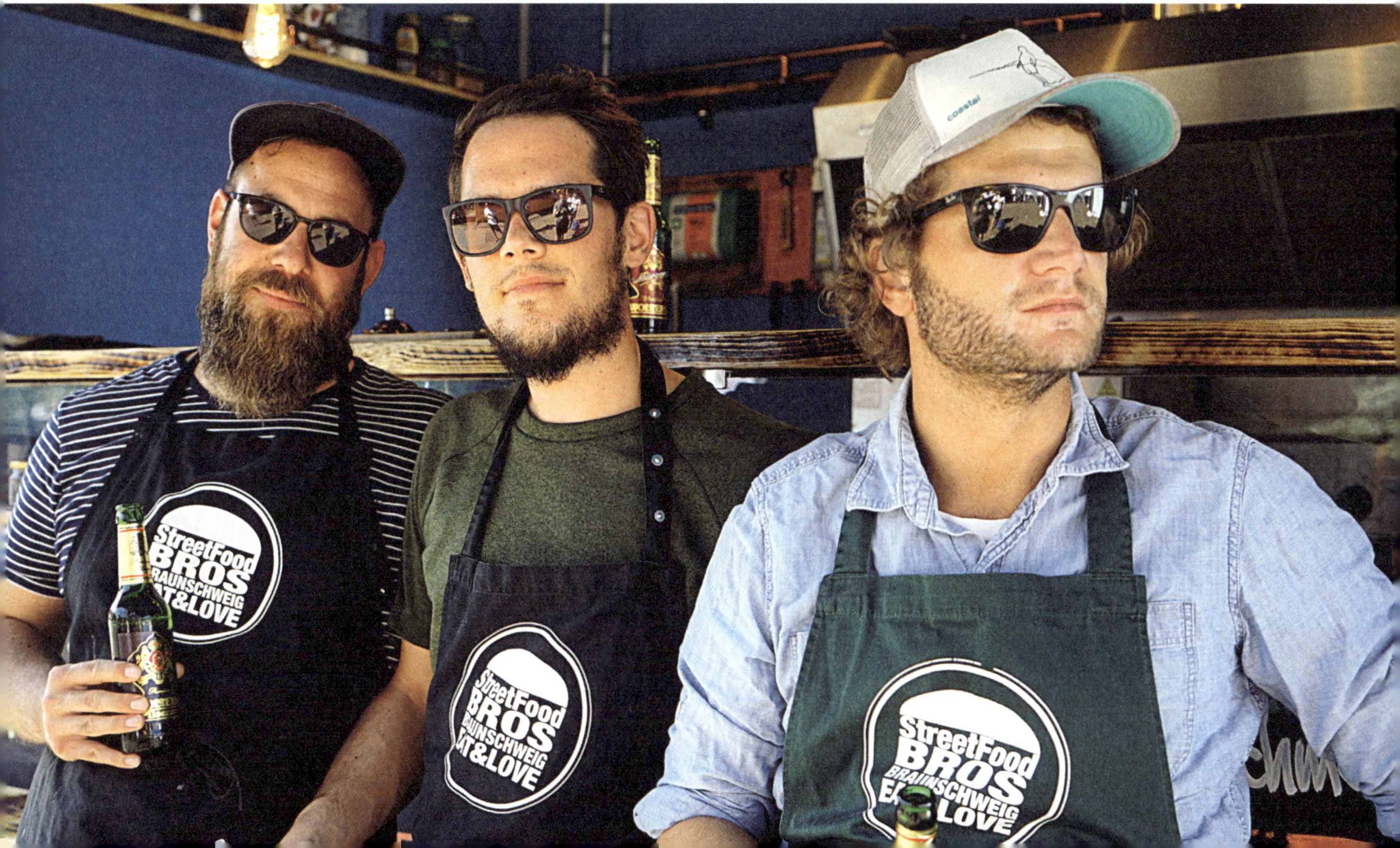
coastal
StreetFood
BROS
BRAUNSCHWEIG
EAT&LOVE

ZUTATEN RUB:

4	Schweinerippchen (enthäutet)
4 EL	Rohrzucker
2 EL	Salz
2 EL	Paprikapulver
2	frische Knoblauchzehen
4 TL	Chiliflocken
2 TL	Senfkörner
2 TL	schwarzer Pfeffer
4 Hände voll	Hickory Holzchips, für eine Stunde gewässert

ZUTATEN WÜRZSAUCE:

250 ml	Wolters Herbst-Bier
20 ml	Sojasauce

ZUTATEN SAUCE:

250 ml	Wolter Herbst-Bier
120 ml	Ketchup
3 EL	Apfelessig
2 EL	Sojasauce
2 TL	Braunschweiger Segelschiffmumme
½ TL	Chilipulver
1	frische Knoblauchzehe
½ TL	Senfpulver
¼ TL	schwarzer Pfeffer

BEERED SPARERIBS

MIT HERBST-BIER-BBQ-SAUCE

Für 4 Personen

ZUBEREITUNG RIPPCHEN UND WÜRZSAUCE:

Die Zutaten für den Rub vermengen, die Rippchen damit einreiben und für 6 Stunden im Kühlschrank ziehen lassen. Den Smoker auf 100 Grad anheizen und die Rippchen für mindestens 5 Stunden hineingeben. In der ersten Stunde die gewässerten Holzchips auf die Glut geben und die Rippchen räuchern. Die folgenden 4 Stunden die Temperatur bei konstant 90 Grad halten und von Zeit zu Zeit Glut nachlegen. Jede Stunde mit einem Pinsel die Rippchen von allen Seiten mit der Würzsauce einpinseln. Dafür das Wolters Herbst-Bier und die Sojasauce miteinander verrühren.

Die Rippchen sind fertig, wenn die Knochenenden ca 0,5 mm aus dem Fleisch schauen. Die Rippchen nun mit der Sauce einpinseln und in Alufolie für weitere 30 Minuten ruhen lassen.

ZUBEREITUNG SAUCE:

Alle Zutaten in einen Topf geben und aufkochen lassen. Für ca. 5 Minuten einkochen.

ANRICHTEN:

Was soll man sagen: Die Rippchen mit der Sauce einpinseln, in die Finger nehmen und auffuttern …

NIGHT LASER

52.260158, 10.520205

SPINNERSTRASSE

MALZ-
SCHOKO-
BROWNIE

Für 4 Personen

ZUTATEN:

130 g Butter
125 g Zucker
100 g Zartbitterschokolade
125 ml Wolters Malztrunk
1 Ei
60 g Schmand
130 g Mehl Typ 550 oder höher
1 TL Natron

ZUBEREITUNG:

Den Umluftherd auf 170 Grad vorheizen und eine Backform mit Backpapier auslegen. Butter, Zucker, Zartbitterschokolade und den Wolters Malztrunk in einer Kasserolle schmelzen und für 10 Minuten abkühlen lassen.

Das Ei und den Schmand miteinander verrühren und unter die Malz-Schokomasse ziehen. Nun auch das Mehl mit dem Natron vermengen, mit der Masse verrühren und in die vorbereitete Backform geben.

Alles umgehend in den vorgeheizten Backofen schieben und für 30 Minuten bei 170 Grad backen lassen.

ANRICHTEN:

Die Malz-Schoko-Brownies in der Form abkühlen lassen, anschließend in leckere Happen schneiden und rein in das Schleckermäulchen!

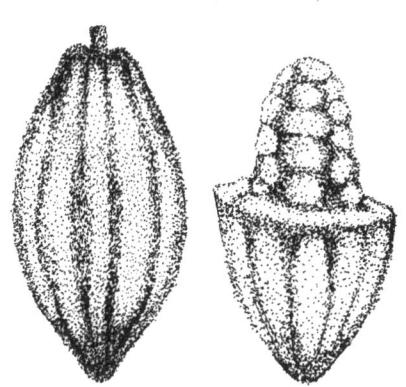

RUMMEL

📍 52.283901, 10.517422

SCHÜTZENPLATZ

NORI-THUNFISCH
IM BIERTEIG MIT WASABI-MAYO

Für 4 Personen

ZUTATEN NORI-THUNFISCH:

400 g	Thunfischfilet (Oberschale)
125 ml	Wolters Pilsener
200 g	Weizenmehl Typ 500
½ TL	Salz
1 TL	schwarzer Pfeffer, grob
1 TL	Madras-Curry
1 l	Sonnenblumenöl zum Frittieren
3	Nori-Blätter

ZUTATEN WASABI-MAYO:

3	Eigelb
200 ml	Distelöl
2 EL	mittelscharfer Senf
½ TL	Salz
1 TL	Zucker
1 EL	Limettensaft
1 EL	Wasabi-Pulver

ZUBEREITUNG BIERTEIG:

Das Weizenmehl, Salz, Pfeffer und Curry zusammen mit dem Wolters Pilsener zu einem Teig verrühren, sodass dieser glatt vom Rührlöffel abfließt. Den Teig für ca. 1 Stunde gehen lassen.

ZUBEREITUNG AUSGEBACKENER THUNFISCH:

Die Thunfischfilets in mundgerechte Stücke schneiden und mit schmalen Nori-Streifen einrollen. Die Filets nun in den Bierteig dippen und umgehend in das auf 170 Grad erhitzte Sonnenblumenöl geben. Dabei darauf achten, nicht zu viele Filets gleichzeitig zu frittieren, damit die Temperatur des Öls nicht zu weit absinkt. Damit der Thunfisch nicht komplett ausgebacken wird, die frittierten Teilchen maximal 60 Sekunden im Öl belassen. Danach sofort abschöpfen und auf einem Tuch abtropfen lassen.

ZUBEREITUNG WASABI-MAYO:

In einem hohen Standbecher 3 Eigelb verquirlen. Das Distelöl in einem kontinuierlichen Faden in das Eigelb fließen lassen und miteinander verrühren, bis das Eigelb-Öl-Gemisch fest und hellgelb geworden ist. Den Senf, das Salz und den Zucker untermengen und glattrühren. Zum Schluss den Limettensaft mit dem Wasabi-Pulver verrühren und unter die Mayo ziehen.

ANRICHTEN:

Den ausgebackenen Thunfisch auf ein Brett legen, aufschneiden und die Wasabi-Mayo danebensetzen. 2 Stäbchen – fertig.

EINTRACHT KUTTE

52.288033, 10.520255

RHEINGOLDSTRASSE

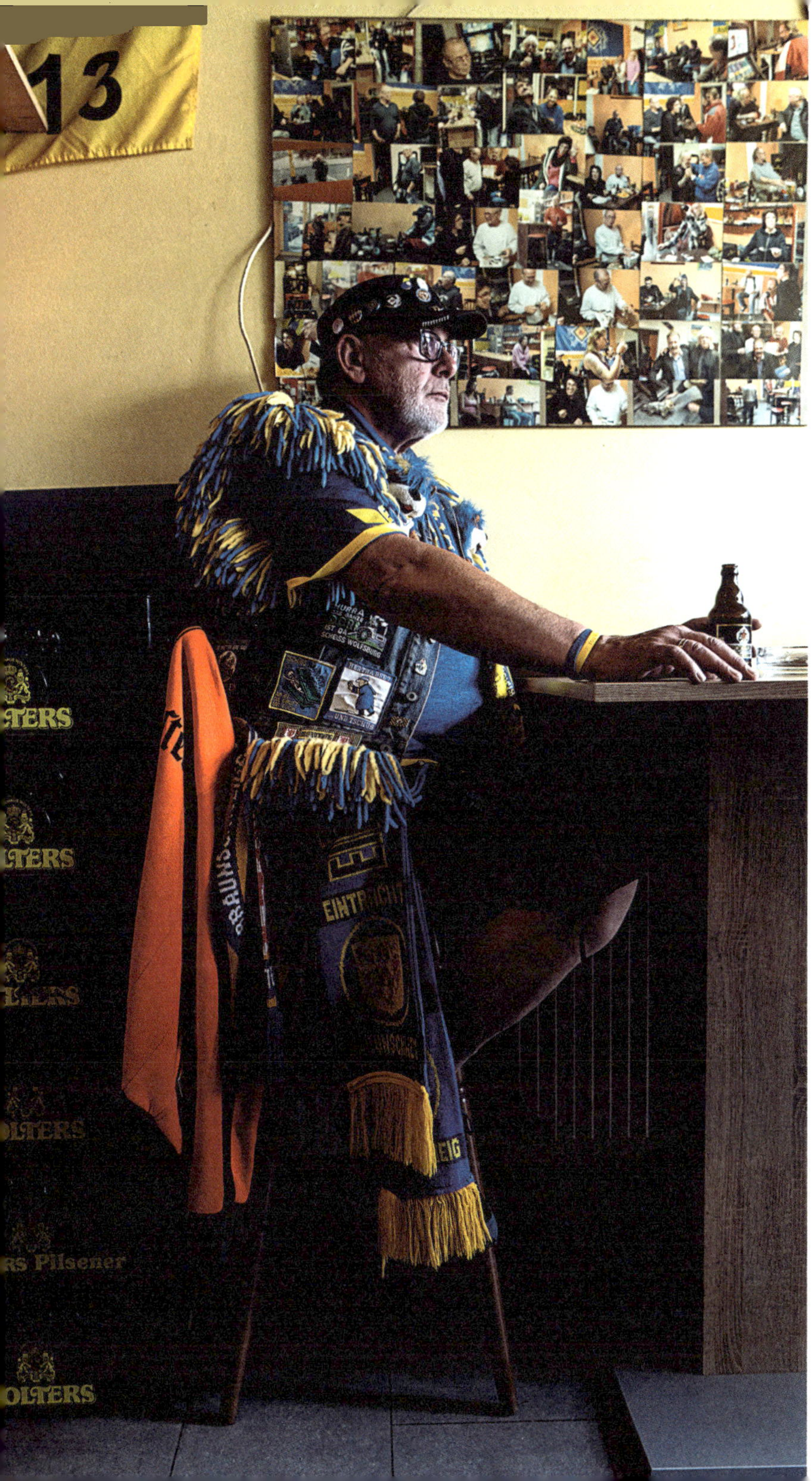
13

DOOF, FETT
DUMM UND
GEMEIN

WOLTERS
Pilsener

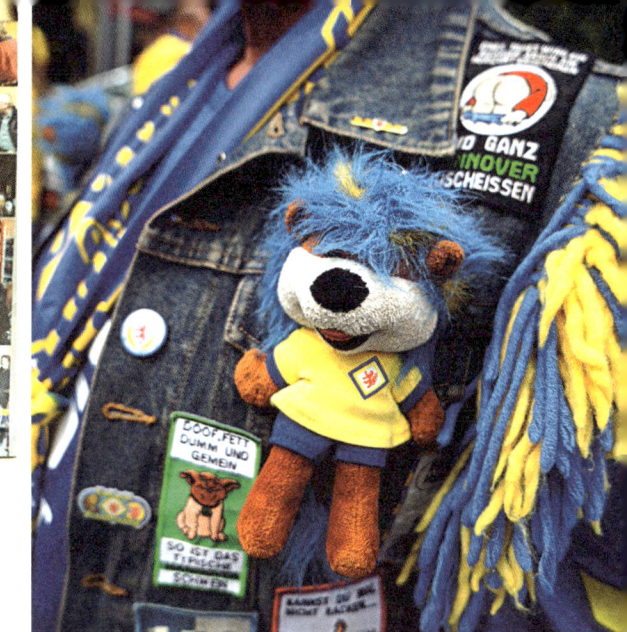

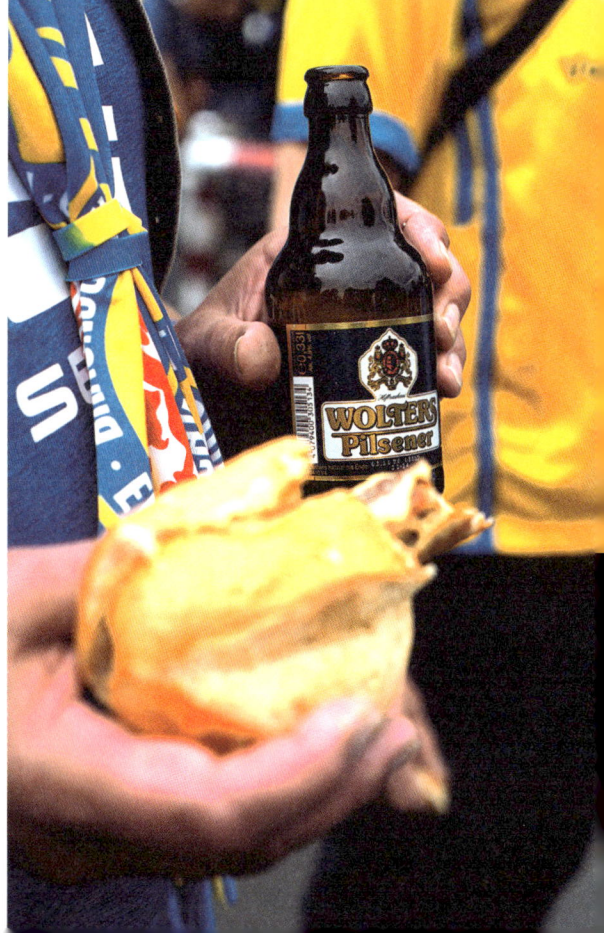

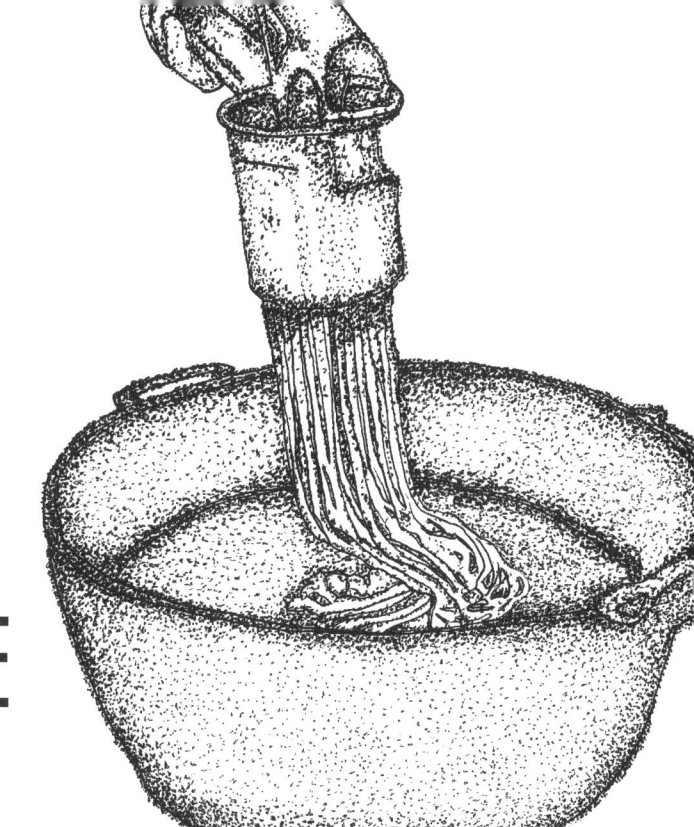

SCHWARZER HERZOG
KÄSE-
SPÄTZLE

Für 4 Personen

ZUTATEN:

400 g	Weizenmehl
3	Eier
100 ml	Schwarzer Herzog
1 Prise	Salz
250 g	Harzer Roller
50 g	Butter
4 Prisen	Schnittlauchröllchen

ZUBEREITUNG:

Mehl durch ein Sieb in eine große Schüssel sieben. Eier, Schwarzer Herzog und Salz hinzufügen und zu einem glatten, zähflüssigen Teig verrühren.

Gleichzeitig in einer kleinen Pfanne etwas Butter zergehen lassen und den Harzer Roller darin schmelzen. Mit etwas Schwarzem Herzog angießen.

Den Spätzle-Teig mit einer Spätzle- oder Kartoffelpresse oder einem Schabbrett in einen Topf mit gesalzenem, kochendem Wasser geben. Wenn die Spätzle an der Oberfläche aufschwimmen, sind sie fertig.

ANRICHTEN:

Die Spätzle mit einer Schöpfkelle aus dem kochenden Wasser nehmen und in eine gusseiserne, vorgewärmte Form geben. Den geschmolzenen Harzer Roller darüber gießen. Mit Schnittlauch garnieren. Wohlsein!

DANKE

An die freiwilligen Darsteller, Möglichmacher, Bereitsteller,
Schrankenöffner und Freunde ein herzliches Dankeschön.
Ohne Eure Unterstützung wäre das ganze Projekt nicht möglich gewesen:

Hofbrauhaus Wolters GmbH, Christian Hilmers, Jens Szymkowiak, Andreas Matecki,
Concept & Design Werbeagentur GmbH & Co. KG, Björn Alberts, Sebastian Völling,
Dennis Rath, Night Laser, Robert Hankers, Benno Hankers, Tönjes Boback, Jonas Gabriel
Günther, Robert Keske, Henrike Schmidt, Sandy-Nadine Mertens, Harry Engelhardt,
Susan Sander, Patrick Münchberg, Katharina Meyer, Sarah Guse, Benjamin Röpke,
Hendrik Kraft, Kadhem Hafsi, Martina Bosacka, Larissa Pflugmacher, Philipp Ziebart,
Niklas Skog, Nils Benker, Janina Peters, Karolin Honebein, Sebastian Ahrens, Nina
Pinkwart, Linda Kufka, Philip Croos-Moraes, Anke Bonneberg, Sascha Stollorz, Sahin
Ekinci, Karlos Kurkowski, Franziska Becker, Jannik Dreier, Franziska Kramer, Gregor
Kaleske, Valerie Bürger, Hannes Zirpel, Klaus Schwirz, Sven Kleeeis, Jan Schlimme,
Maren Liesen, Floßstation Braunschweig GmbH (Oker-Abenteuer), Kultur Manufaktur
GmbH (Okercabana), Joachim Berger, Stadt Braunschweig, Henni und Basti Bürger,
Spinnerstraße, Elke und Franz-Josef Löpmeier, BS-Theke, The Bridge, Maik Donsbach,
boardjunkies, SORRY MOM Tattoo-Studio, Sabrina und Dennis Bebenroth, Zur Bratröhre,
insb. Toni, die Jungs aus der Secret Location, Kiosk am Rathaus, den Fans von
Eintracht Braunschweig und der ganzen Reingoldstraße, Spektrum – Die Spiel-
tagskneipe, Steh-Café, Kuba, Harald und Susi Stecher, oeding print GmbH, Michael
Mayer, Buchhandlung Graff GmbH, Joachim Wrensch, Nico und Maria Meibohm,
Otto Michelmann, Nargess Ahmadi, Fredi Margerstedt, Herr Michelmann,
Roman Mantau, Michael Berghold und Janine Cafaro, Klaudia Bartsch, Pascal
Querner, Zlatin Chakarov, Benedikt Schmidt, Christina Alberts, Christina Worbs.
Ein ganz besonderer Dank gilt unseren Eltern und unseren Frauen. Ohne Eure Geduld
und die Freiräume, die Ihr uns ermöglicht, gäbe es die StreetFoodBros heute nicht.

IMPRESSUM

Copyright 2019:	StreetFoodBros (Brinkmann, Haars, Springer GbR), Zweidorfer Ring 27, 38176 Wendeburg, info@streetfood-bros.de, www.streetfood-bros.de
1. Auflage:	4.000 Stück
Idee:	StreetFoodBros, Concept & Design Werbeagentur GmbH & Co. KG
Konzeption:	Concept & Design Werbeagentur GmbH & Co. KG, StreetFoodBros
Fotografische Leitung und Fotografie:	Gil Bartz (Seiten 4–7, 10–11, 14–23, 28–29, 32–41, 46–47, 50–59)
Weitere Fotografie und Assistenz:	Nina Pinkwart (Seiten 8, 48), Karolin Honebein (Seiten 44, 59), Fabian Haars (Seiten 8, 12, 24–27, 30, 42–43, 48, 59), Sebastian Ahrens (Seite 12)
Gesamt-Layout und Illustrationen:	Concept & Design Werbeagentur GmbH & Co. KG (Linda Kufka, Karolin Honebein)
Rezepte und Text:	Benjamin Brinkmann, Fabian Haars, Bastian Springer
Lektorat, Korrektorat:	Concept & Design Werbeagentur GmbH & Co. KG (Sebastian Ahrens, Anke Bonneberg)
Verlag:	Eigenverlag Hofbrauhaus Wolters GmbH
ISBN Paperback:	ISBN 978-3-00-063792-6
Druckerei:	oeding print GmbH

Bibliografische Information der Deutschen Nationalbibliothek: Die Deutsche Nationalbibliothek verzeichnet diese Publikation in der Deutschen Nationalbibliografie; detaillierte bibliografische Daten sind im Internet über http://dnb.d-nb.de abrufbar.

QUELLEN

Für unsere Recherche und Inspiration nutzen wir folgende Quellen:
www.eat-this.org, www.moeyskitchen.com, www.eismachen.de, www.lecker.de, www.pizzasteinversand.de

FOLGT UNS

Ihr findet uns bei Facebook, Instagram und Youtube: Folgt einfach unserem Hastag #streetfoodbros. Weitere coole Rezepte, Travel-Storys, unsere Events oder unser Booking findet Ihr auf unserer Website unter: www.streetfood-bros.de.